봄의 혈액형은 B형이다

019

봄의 혈액형은 B형이다

김시탁 시집

도서출판 경남

시인의 말

시의 언덕은 기어오를수록 미끄러져 무릎만 짓뭉개진다.
벌건 상처에서 피 흘러도 멈출 수 없다.
언젠가 그 언덕 위에 나무 하나 심고 싶다.
물 주고 가꾸어 꽃피우고 열매 맺고 싶다.
그 향 독특했으면 좋겠다.
그 나무에 목매달고 죽고 싶다.

2006년 12월
김시탁

차례

제2부 아름다운 관계

제3부 밤중에 일어나 발톱을 깎아보면 서글프다

019

제1부

봄의 혈액형은 B형이다

자동세차

기어 중립에 놓으시고
브레이크에 발 떼세요

쭉—
걷잡을 수 없이
속수무책으로
빨려드는 차

다 들이밀어 놓고도
속은 버젓이 둔 채
겉만 씻은

어리석은 사랑

기어 중립에 놓고
브레이크에 발 뗀

봄

폐교가 된 시골 분교
텅 빈 운동장
철봉에 앉아 졸던 바람
벚나무 가지에 찔려
부스스 눈을 뜨고 기지개를 켠다
운동장을 한 바퀴 휘돌아
목이 마른 바람
세면대 조롱조롱 매달려
잠겨 있는 수도꼭지를 튼다
파르르 쏟아지는 봄

벚나무 가지들 마구 몸을 비튼다

봄 · 2

벚나무 가지 위로 앉은 새가
자꾸 물똥이 마려운 것은
벚나무 가지로 찬물이 오르기 때문이다

바람이 엉덩이가 미끄러워
자꾸 가지를 잡고 흔드는 것은
벚나무 살결이 부드럽기 때문이다

나무가 발목에 힘을 주고
자꾸 팔을 벌리는 것은
햇살이 빚어놓은 수제비나
새들이 걸어놓은 노래를
봄에게 배불리 먹이려고 하기 때문이다

취나물

나는 취나물을 좋아한다
아내가 무쳐주는 취나물을 좋아한다
아내가 무쳐주는 취나물엔
바람 냄새가 난다
한 젓가락 집어 입안에 넣으면
입안 가득 상큼한 들 공기가 가득 찬다
다람쥐가 살을 비비며 똥을 쌌는지
콤콤한 냄새가 난다
취나물 먹고 출근한 날은
걸어 다닐 때마다 물소리 찰랑이고
바람 소리 요란하다
온몸으로 이파리 돋는 듯하다
아내는 취나물에 봄을 무쳐놓은 모양이다

생즙

새벽마다 아내는
믹서기를 돌린다
어둠을 넣고
덜 깬 잠의 부스러기를 넣고
믹서기를 돌린다

근육이 있거나 뼈대가 있는 것들
질긴 것들일수록 요란한 소리를 낸다

비포장도로를 무한 질주하다가
급정거한 내 꿈도 믹서기에 갈린다
창가에서 좌판을 두드리던 까치도
우유통 속으로 밀어 넣은 요구르트 아줌마의
장갑 낀 손도 갈린다
그 끈적끈적한 즙 한 잔을 마셔본다

입안이 쏴하다
어둠의 생살이 갈린 생비린내가
물컥 풍긴다

봄의 혈액형은 B형이다

대낮부터
벚꽃나무 아래에 앉아
동동주를 마신다

꽃잎 하나가 술잔 속에 떨어진다
그냥 마셨더니 온몸에 열이 오른다
팔뚝에도 목덜미에도 얼굴에도
나를 닮은 벚꽃이 피어난다
꽃잎 속에는 B형의 피가 흐른다

봄은 꽃을 피우기 위해서 이렇게
열병을 앓는구나
시꺼멓게 제 몸을 태워놓고
가지를 흔들며 우는구나

흔들릴 때마다 그녀가 생각난다
꼬깃꼬깃 구겨진 편지가
주머니 속에서 싹을 틔운다
동동주에 취한 사연들이 비틀거리고

수첩 속에 접혀 있던 그녀가 걸어 나와
내 맞은편 의자에 앉는다

벚꽃이다

어느새 구두 속에도
흥건히 물이 고인다
발가락이 근질거리더니
구두 밑창을 뚫고 쑤-욱
땅바닥에 뿌리를 박는다

신 것이 먹고 싶은 그녀가
헛구역질을 한다

난

아직도 알지 못한다
난초 잎 뻗는 길을

저 유연한 허리로
허공을 떠받치는 힘을

올곧은 저 잎
몇 년을 더 보아야
그 길 보일까

알 수 없다

가만히 손을 뻗어 만져보면
벌컥 제 향부터 내뿜어
컥컥 숨이 막힌다

난 · 2

그녀가 찻잔을
탁자에 내려놓는 순간
유리잔에 그려진 난초 이파리 하나가
불쑥 밖으로 삐져나온다
탁자에 놓일 때 쏟아진 커피가
잔 받침대에 고였다
황톳물이다
뿌리들이 일제히 물을 빨아 당긴다
당황스런 그녀가 행주질을 한다
그녀의 손등에도 금세,
시퍼렇게 난초 뿌리가 뻗었다
그녀 몸에서 짙은 난향이 풍겼다

주남저수지

주남저수지에 가면 버드나무 가지 위의 까치집은 시린 햇살이 세 들어 살고 물속에 어리는 까치집엔 잉어가 새끼를 치고 산다.

고니, 청둥오리, 노랑부리저어새, 재두루미들이 유유히 저수지 뱃살을 긁으며 노닐고 철새들의 방향을 인도하는 관제탑 같은 나무 두 그루가 저수지에 무릎까지 담그고 등대처럼 서 있다.

해가 지자 서산 아래로 미끄러져 내리던 노을이 저수지에 머리를 처박더니 그 부스러기가 차르르르 굴러와 벤치에 앉은 젊은 연인들의 무릎을 베고 눕는다.

발목이 시린 억새들은 낮 동안 서로 벌려 있던 간격을 좁혀 어깨를 걷고 어둠 맞을 준비를 하고 저수지 안으로 나룻배를 몰고 간 사공 하나가 장대로 저수지 바닥을 찔러 뱃머리를 돌린다.

저수지 군데군데 쳐놓은 그물엔 노을만 걸려 퍼덕거린다.

그때 바람에 날려 검불처럼 하늘로 떠다니던 철새들

ㅅ ㅅ ㅅ ㅅ의 어우러진 조화. 유영의 저 몸짓들

주남저수지에 가면 이제 막 그려놓아 덜 마른 동양화 같은 풍경들이 있다.

온종일 선 채로 저린 무릎을 접지 않아 종아리가 시퍼런 버드나무가 있고 저수지의 퉁퉁 불어터진 젖꼭지를 빨다가 잠든 자라풀도 있다

물달개비 잎에 앉아 알을 까는 밀잠자리 방울실잠자리도 볼 수 있다

풍경이 풍경을 잉태하고 사랑이 사랑을 품는 주남저수지

밤이면 연인들이 서로 어깨를 빌려준 채 가슴을 비비며 사랑을 속삭일 때 애기부들 이파리 위의 반딧불은 제 몸을 태워 불빛을 만들어주는 곳

지친 하루를 갈대밭에 내려놓고 쉴 수 있는 곳

평화를 베고 누워 별을 헤아릴 수 있는 곳

그중 가장 아름다운 별 하나를 정해 이름을 붙여주고 그리운 사람에게 마음까지 포장해 택배로 보내주고 싶은 곳

그래서 그곳에 가면 닫힌 가슴들도 자물쇠를 열고 각진 마음들을 두루뭉술 깎아준다

갇힌 일상들을 데리고 와 여유와 자유를 맘껏 방목하며 희망을 살찌울 수 있는 곳

시인은 억새를 꺾어 물 위에 시를 쓰고

화가는 노을을 풀어 하늘에 그림을 그리며

물푸레나무 가지로 바람을 저어 노래하는 가수가 있는 곳

띠, 억새, 갈대들이 일제히 관중이 되어주며 가끔씩은 박수도 보내주는 곳 나이를 잃어버린 사람들을 만나 술 한 잔 하고 잊어버린 신분에게도 잔을 건네며 취해 볼 수도 있는 곳

살아온 시간들의 궁둥이를 툭툭 두드리고 살아갈 세월의 얼굴을 이리저리 바라보다가 어루만져 볼 수도 있는 곳

물빛에 나를 비추고 살아오면서 묵은 때를 씻을 수 있는 곳

때를 더 묻히지 않기 위해 거동을 달리하게 되는 곳

그래서 자꾸만 발길이 가는 곳

발길보다 마음이 먼저 달려가 자리 잡고 있는 곳

주남저수지 그곳은 분명 스승이 있고 진리가 있고 우주가 있는 곳이다.

*주남저수지 : 경남 창원시 동읍에 위치한 주남저수지는 인근 백월산과 구룡산에서 흘러내리는 물과 낙동강 물을 수원으로 산남, 주남, 동판의 3개 저수지가 수로로 연결된 약 180만 평의 우리나라 최대의 철새 도래지이다. 매년 11월경이면 따뜻하고 먹이가 풍부한 이곳에서 겨울을 나기 위해 천연기념물 제201호인 고니를 비롯한 약 20여 종의 철새들이 찾아들어 이듬해 3월까지 월동을 한다.

희망을 비벼먹는 비빔밥집

그 집 비빔밥은
맛이 남다르다

마음 좋은 주인이
훈훈한 정을 벌겋게 버무려
커다란 대접에 담아주면
입 안 가득 자르르 군침이 돈다

숟가락으로 푹푹 떠서 먹어보면
씹을수록 이빨에 감기는 고소한 마음들
잘근잘근 씹혀
목구멍 속으로 넘어가는
얼큰한 행복

통실하게 영혼부터 살찔 것 같아
자꾸 숟가락질 재촉되는
희망을 비벼먹는 비빔밥집

땅

내 밋밋한 가슴을
함부로 짓밟지 말라
숱한 바람과 빗물로 몸 썩어
군살이 되었다

움푹 파인 웅덩이
불쑥 솟아오른 상처들
스스로 메우고 깎으며
고통으로 눈물지어 울어도 봤다

사람들은 내 온몸을 파고
집을 짓거나 구멍마다
파이프를 박아 피를 뽑는다
허리가 깎이고
살들이 잘려 나갔다

내장까지 파헤쳐진 상처에는
흥건하게 눈물로 고여 있어도
바람에 날아와 앉는 풀씨 하나

거두고 보듬어 꽃을 피웠다

내 몸에 박힌 뿌리들 살찌워
나무들의 둥치를 밀어 올리고
구부정한 희망을 따라 눕는
팔베개한 팔들을 풀지 않았다.

붕어빵

낚시용품 가게 앞
붕어빵 가게

미끼 사들고 나오던 사내가 덥석
붕어빵 입에 문다
물컥,
생비린내

파드닥 물살을 튕기며 뛰어오르는
붕어

월척이다

성당에서

아내가 미사를 보는 동안
성모 마리아상 앞 화단에 앉아
아내를 기다린다
함께 들어가자던 아내를 보내고
혼자 기다리고 있는 게 편한 걸 보면
지은 죄가 많은 모양이다
어느 신자가 놓고 간 것일까
형형색색의 촛불이 마리아상 앞에 놓여 타고 있다
제 몸 불태워 주위 밝히고 향기 뿜는
저 아름답고 거룩한 희생
바람조차 발꿈치를 들고 지나간다
어둠이 미사를 보기 위해 성당 안으로 몰려들자
사철나무 가지도 성당을 향해 잎을 흔든다
촛불이 성가 가락에 일렁거리고
성모마리아가 잠깐 무릎을 접었다 편다
기도하는 그의 손이 외등을 받아 환하다
미사를 끝내고 나오는 아내도 환하다

즉석복권

꿈을 눕혀놓고
동전 모서리로
벅벅 문질러 긁는다

꿈도 껍질이 있어
속을 보기 위해서는
벗겨 보아야 한다

긁을수록
허옇게 드러나는 속살

사정하고 싶다

장래희망

초등학교 일 학년 아들 녀석이
백지 한 장을 들고 연필을 내민다
아빠 장래희망을 써보란다
'삶' 이라고 써놓고 망설이는데
녀석이 지우개로 내가 쓴 글자를
벅벅 문질러 지운다
내 삶의 가슴팍에서 때가 밀려 나온다
부끄럽다
삶이 지워지면서 저렇게 많은 때를 남기는구나
녀석이 연필로 큼지막하게
'과학자' 라고 쓴다
삐뚤삐뚤한 글씨가 꼿꼿하게 일어선다
위대한 과학자 하나가
우뚝 서 있었다

전어회

전어회를 주문하니
바다를 한 접시 갖다 준다
백사장 위에 바다가 누워 있다
나무젓가락으로 건져 올려
잘근잘근 씹었더니 입안 가득
파도 소리 요란하다

바다의 살들이 어떤 맛인지
전어회를 먹어보면 알 수 있다
초장에 듬뿍 찍어
한 번에 삼키지 못하고 씹는 것은
바다의 살들도 근육이 있기 때문이다
파도의 뼈가 이빨 사이로
부딪치기 때문이다

풋상추나 들깻잎으로
보쌈 한 바다를 삼켜보면
뭉클, 목구멍 속으로
섬 하나 넘어간다

입안 가득한 파도가
그 섬에 닿고 싶어 자꾸
소주잔 들이켠다

자전거 타기

쭉 한길을 달리다가
여러 길을 만나면 헷갈린다
이 길은 좁고 저 길은 비포장이다
큰길은 자동차가 달려 위험하다
어디로 갈까
잠깐 페달 밟은 발로 땅을 짚고
망설인다
자전거를 타보면 비틀거린다
좌우로 핸들이 움직여 균형을 잡아야 하고
가던 길을 멈춰서면 넘어진다
넘어지면 길이 벌떡 일어나
뺨부터 후려친다
괜히 망설이고 멈춰 섰는가
우물쭈물하다가 넘어진 마음이 시퍼렇게
멍든다
자전거는 넘어져서도 바퀴살을 돌린다
다시 페달을 밟는다
상처가 욱신거렸다

지렁이

화분 분갈이를 하다가 비명을 지르고 말았다
새로 돋은 관음죽 대궁만 한 지렁이를 발견한 것이다
놈은 꽃삽에 꼬리가 찍혀 온몸을 비틀어댔다
아들놈은 얼른 죽이라고 하고
딸아이는 살려야 한다고 발을 굴렀다
아내는 밖에 갖다 버리라고 했다
꼬리가 잘린 놈을 꽃삽으로 떠서
화단을 파고 묻었다
놈을 생매장한 것이다
이튿날 아침 출근길에 또 한 번 놀랐다
놈이 화단 옆 보도블록 위에 죽어 있었다
잃어버린 꼬리를 찾으려고 기어 나왔을까
아니면 제 살던 곳이 그리웠을까
계단 쪽으로 머리를 향한 채 출근하는 발자국에 밟혀
납작하게 죽어 있는 지렁이
보도블록 위에 붉은 매직으로 죽죽 그은 무늬 같은
시신을 떼어내 다시 묻어 주었다
비라도 내려 축축해지면 그곳에
분갈이하던 관음죽 하나 떼어내 심어야겠다.

지렁이 · 2

지렁이들이
도로 위로 올라와
죽어 있다

뼈대도 없는 것이
정수리로 흙을 뚫으며
얼마나 용을 썼던지
머리 쪽이 벌겋게 벗겨진 채
땡볕에 타죽었다

몸을 움츠렸다 폈다 하면서
머리를 먼저 옮길 때
뒤따르던 꼬리가 죽음을 알았을까
반항의 흔적 뚜렷하다

마구 흔들다가 동그랗게 말려든 꼬리가
길바닥에 의문부호처럼 찍혀 있다

유서 한 장도 없이
땡볕에 맨몸으로 타죽은 지렁이

축축한 생이 처음으로 바싹 말라
개미들의 입에 물려
분해되고 있었다.

지렁이 · 3

고무줄인 줄 알았다
아니었다
개미들이 일렬로 지렁이의 시체를
분해하고 있었다
머리와 꼬리에 수없이 붙어
지렁이의 살을 뜯어 먹고 있었다
땅속에서,
제 덩치만큼 흙을 먹고 뱉으며
흙을 기름지게 하고
나무들의 숨통을 열어주더니
저렇게 죽어 개미들의 먹이가 되는구나
저 장대한 주검 앞에
누가 감히 뼈대 없는 놈이라고
얕볼 수 있단 말인가
조금만 건드려도 꿈틀거리는 건
자존심이 있기 때문이다.

019

제2부

아름다운 관계

수제비

만질수록 부드러워지는
살점들
뚝뚝 떼어내
펄펄 끓는 물에 넣는다

딱딱하고 비릿하던 생이
순식간에 익는다

젓가락으로 건져
한입 베어 물면 확 입천장을 데이는
뜨겁고 쫄깃쫄깃한
그녀의 맛!

감 전

그 여자의 가슴에
백만 볼트의 전기가 흐른다

감전당하고 싶다

강 같은 사람

그 사람
가만히 보면 강 같다

흐르듯이 걷고
뒤척일 때마다 강물 소리
들린다

숨결 강바람 같고
눈동자 수심 깊다

그 사람 옆에 있으면
자꾸 젖어
하염없이 흘러간다

청태 낀 시간도
떠내려간다

오후의 풍경

한낮 햇살이 기대고 선 담벼락
아이 둘이 나란히 엉덩이를 까고
오줌을 누고 있다

가는 붓대로 싱싱한 난을 치는
무채색의 저 벽화
살아 꿈틀거려서
금세 뿌리 뻗을 듯하다

졸지에 제 아랫도리가 젖은 담벼락
슬그머니 바짓가랑이를 걷어 올리자
무럭무럭 김이 솟는다

잡종 개 한 마리 킁킁거리며
벽화 밑을 지나간다

曲江

강물은 모래 속에 발목을 묻고
미리 줄기를 늦추어 흐르고
암벽은 맨몸으로 부딪쳐올 강물을 상처 없이 받기 위해
아랫배에 힘을 준 채 시린 관절을 접지 않는다

수심이 깊은 곳엔 그리움도 깊어
머물고 싶은 마음과 보내기 싫은 마음 사이로
길이 생긴다

강물이 굽어 흐르는 것은
떠나온 곳이 그리워
흘러가면서도 자꾸 고개를 돌리기 때문이다

너에게 닿기 위해 나를 구부리는 일은
눈물겹다

비 내리면 길이 일어선다

비 내리면 길이 일어선다
빗줄기를 잡고 몸을 일으킨다
오래 누워 있던 길들은 관절이 시리다
뼈마디 마디가 쑤시고
저려 오는 것이다

비 내리면 땅도 길을 밀어 올린다
제 몸에 붙은 살을 찢어
등을 밀어 올린다
상처를 딛고 일어서는 길
줄줄이 따라붙는 골목들

골목이 많은 곳엔
비탈진 마음들이 모여 산다
울퉁불퉁한 시간을 밟고
무단횡단하는 길
구부정한 희망이 건널목을 건너간다

비 내리면 길도 길을 잃는다

사 랑

네 가슴에 기대면
따스하다

내 가슴에도 누군가 기대는 사람이 있다면
따스했으면 좋겠다

사랑이란
언 손으로 기어오르는 담쟁이를 위해
온종일 맨몸으로 햇살을 받아
따스하게 가슴을 데워놓는
담 같은 것

가끔
그 담에 기대고 싶다

비

산과 산의 간격이 좁아지며
강과 바다의 경계가 불분명할 때
비가 온다

비는,
떨어져 있던 것들의 사이를 좁히고
말라 벌어져 있던 것들을 붙여준다

사랑이 그리운 날
비 맞고 싶다

축축이 젖어
그녀와 접 붙고 싶다.

비 · 2

삶이 건조하다고 생각할 때
비가 내린다

마흔이 넘으면 비가 와도
뼛속까지 다 젖는다
뼈가 젖으면 참 시리다

시린 시간들을 꾹꾹 짜서
빨랫줄에 넌다
탈수되지 않은 일상들
햇살에 오래 걸어 말릴 게 없는 꿈들이
비를 맞는다

비 오는 날 빨래를 너는 사람은
세상의 비를 다 맞아본 사람이다

말의 상처

말(語)에 다쳐 돌아온 날은
참 우울하다
뾰족한 말에 찔려
피 흘리며 돌아온 날은
서글프다

그의 말에 맞아
시퍼렇게 멍들 때가 있다

둥그런 사람
모나지 않은 사람처럼
그렇게 그 사람 말도 각이 없어서
사람이 다치지 않았으면 좋겠다

만지면 맨질맨질하고
가만히 품고 있으면
따뜻해지는 그런
말이었으면 참 좋겠다

비 온 뒤엔 땅도 몸살을 앓는다

비 온 뒤엔 땅도 몸이 붓는다
조금만 건드려도 껍질이 벗겨지고
헤진 상처에서 피가 난다

푸석푸석 핏기 없는 모습이 안쓰러워
나무도 살짝 발꿈치를 들어 올려 제 키를 키우고
땅을 베고 누워 있던 길도 일어나 앉으려
꿈틀꿈틀 허리를 뒤튼다

살들이 불어난 저수지는
땅이 퉁퉁 불어터지도록 젖꼭지를 물려준다

비 온 뒤엔 땅을 밟는 모든 시간도
발목이 부어 있다
부운 발목을 감는 붕대처럼 바람도 조심스레
제 몸을 모두 비워 공중으로만 불어댄다

비 온 뒤엔 땅도 몸살을 앓는다

아름다운 관계

배롱나무 가지에
새 한 마리 날아와
앉는다
새가 날아와 앉을 때
가지는 둥치를 꼭 잡기 위해
잠깐 흔들린다
흔들린다는 건 반갑다는 나무의 몸짓이다
온종일 서서 새를 기다리는 나무
떼 지어 날아올 새를 위해
날마다 잔가지를 늘려가는 나무
사람들이 모르는
그들의 관계가 아름답다
그 관계가 좋아
나도 몸을 흔들어 가지 하나를
뻗고 싶다.

햇살도 칼에 잘린다

동틀 무렵
바다에 목선 띄워
갈치 낚시하는 사람들
여기저기서 번쩍이는 칼 하나씩
낚아 올린다

막 떠오른 햇살
그 칼에 싹둑싹둑 잘린다

햇살도 베이면 피가 나는가
바다가 온통 벌겋다

다시 사랑을 위하여

다 젖고 나면 더 젖을 게 없어
그때부터 열이 난다는 걸
젖어본 사람은 안다

덜 젖으려고 발버둥 칠수록
이미 젖은 것들이 채 젖지 못한 것들을
껴안고 뒹굴어 결국 다 젖고 만다는 걸
아는 사람은 안다

비 오는 날은 비를 맞고
바람 부는 날은 바람을 맞듯이
받아들이며 껴안으며 사는 삶이
얼마나 넉넉하고 건강한지를
비탈길을 걸어본 사람은
다 안다

신발을 가지런히 벗어놓고 철로 위에 선 여자야
강가에 무릎을 꿇고 울고 있는 사내야
더 젖어봐라 다 젖고 나면 펄펄 열이 나겠지

그 열로 다시 사랑을 데울지 누가 아느냐

절망하고 절망하고 하염없이 절망해도
절망할 수 있다는 절망도 희망 아니냐
비탈에도 햇살은 내리고
흙탕물 속에서도 연은 꽃대를 밀어 올린다

골목 포장마차

골목 포장마차에 가면
지친 하루를 데려다
술잔을 건네는 사람들이 있다

마음씨 좋은 이모가
돼지창자 속에 꽉꽉 채워 넣은 정들을
뭉텅뭉텅 썰어 접시 위에 담아주면
말없이 술잔을 비우는 사람들이 있다

허름한 포장마차 이모 집에 가면
마음을 보내놓고 껍데기만 모여앉아
술 마시는 사람들이 있다
짝이 맞지 않는 나무젓가락으로
석쇠 위에 덜 익은 생각들을 이리저리 뒤적이며
마음을 맡겨놓은 사람에게
안부를 묻고 싶은 사람들이 있다

막소금에 절여져서 시들어버린 시간을
양념해서 비벼 먹고
모두가 이모가 되는 사람들
간이 잘된 얼큰한 사랑이 고픈 사람들이 있다

제 피를 짜서 남을 취하게 하는
25도의 눈물을 목구멍 속으로 털어 넣고
빈 병처럼 흔들리며 바람에게도 잔을 건네고
전봇대에게도 어깨를 빌려주고 싶은 사람들
그런 사람들이 있다

마라도

사랑에 마음을 다쳐
상처 난 마음을 버릴 곳 없는 자는
마라도로 가라
모슬포 항에서 뱃길로 30리쯤 더
남으로 들어가면
상처받은 사람들 업어줄
움츠린 등 넓은 섬 하나 있다
그 섬에 뱃머리가 닿으면
제일 먼저 바람이 검문을 한다
신분증 대신 시커멓게 탄 가슴을 보여주고
바람이 등 떠미는 곳으로 올라가라
올라간 그곳에 절벽이 있다
그 위에서
아래로 던져진 마음을 보라
허옇게 뼈까지 부서진 사랑을
물어뜯는 파도가 있다
추락한 꿈들이 뇌사상태일 때
마라도의 배들은 고동을 울려

그 영혼을 달랜다
무엇이든 끝에 서본 자만이
시작을 꿈꿀 수 있다

마라도 · 2

우리 땅 최남단 마라도에 가면
바람의 고향이 있다
바람이 알을 낳고 새끼를 키워
부족처럼 모여 살고 있다
교실 한 칸짜리 학교에는
바람이 의자에 앉아 공부를 하고
운동장 철봉에서 턱걸이를 한다
이쪽 골대에서 저쪽 골대로
바람이 공을 몰고 가
골을 넣는다
그럴 때마다 작은 운동장 가에
납작 엎드린 채 구경하던 억새들이
일제히 손뼉을 친다
게양대의 태극기는
휘휘 호루라기를 불며
심판을 본다.

마라도 · 3

절벽은
제 살이 깎여 나간 상처다

떨어져 나가는 제 살 안으려
얼마나 웅크린 채 애를 썼으면
끈적끈적 비지땀을 흘리며
온몸이 시꺼멓게 타버렸을까

뼈마저 골다공증에 걸려
숭숭 구멍이 뚫렸구나

억새들이 그리 심하게 흔들린 것도
다 울음 때문인 것을

골목이 많은 동네

이리저리 골목이 많아
가본 집 찾기도 헷갈리는 곳
들어가서 나와 보면 엉뚱한 곳
골목 속에서 허둥대다가 골목이 되는
그 동네를 알고 있다

월세 방 광고를 붙여주고
삽살개의 똥오줌을 말없이 받아주며
채소장수 박 씨의 리어카를 끌어들여
흥정을 붙이는 곳
덤으로 주고받는 마음들이 드나드는 곳
그 동네를 알고 있다

막다른 골목에선
가로등과 전봇대가 말을 건네는 곳
밤이면
작은 골목과 큰 골목이 서로 만나
무릎을 만져주며 안부를 묻는 곳
다치지 않으면서 나를 굽히고

나를 주기 위해 몸을 비우는
골목이 많은 아름다운 그 동네를
나는 알고 있다

밤낚시

방파제 끝에 쪼그리고 앉아
낚시를 한다
꿈틀거리는 욕망을 바늘에 끼워
물속에 던진다
첨벙
사십 대의 사내 하나가
바다에 던져 진다
사내는 가라앉고
사내의 마음만 물 위로 뜬다
칠흑 같은 바다 위에 번쩍이는
저 화려한 유혹!
가라앉은 사내의 심장이
꿰뚫린 것일까
야광찌가 마구 흔들린다

산

산을 오르다가 보면
길이 산을 동여매고 있는 걸
볼 수 있다
노끈처럼 단단히 산을 감고 있는 길을
사람들이 낑낑거리며
그 끈을 당긴다

목이 조여드는 산
갈증으로 바삭바삭 타들어가
먼지만 내뿜는 산

너무 많은 상처로
칭칭 붕대를 감고
벌겋게 생살을 드러내는 산

그 산을 오르다가 보면
자꾸 다리가
저려 온다

0 1 9

제3부

밤중에 일어나
발톱을 깎아보면 서글프다

내 꿈은 흑백이다

멧돼지 두 마리가
안방에 퍼질러 앉아
똥을 눈다
누런 똥이 아니다
흑백이다

사루비아
사루비아 꽃밭에서 그녀를 만났다
그녀의 입술이 꾹꾹 내 볼에 와 찍히자
내 얼굴에도 사루비아가 폈다
흑백이다

흑백의 사루비아는 꽃 같지 않고
누런 똥이 아니면 똥 같지 않다

칼라의 꿈
총천연색 꿈을 꾸고 싶은데
냄새가 없는 꿈
내 꿈은 항상 흑백이다

밤

대낮부터 벌판을 새까맣게 물들이며 까마귀 떼들이 날아와 논바닥에 떨어진 햇살 부스러기들을 주워 먹고 있었습니다 까마귀가 하루 햇살을 모조리 쪼아 먹자 까마귀처럼 검은 세상이 되었습니다 서편 하늘에 햇살 쪼아 먹다가 빠뜨린 까마귀 이빨 하나 휘영청 걸려 있었습니다

부 항

봄 햇살만 쬐어도
쨍그랑 깨어지는 사랑이 있다
X-레이에 투시되지 않지만
관절에 금이 간 사랑

그물에 걸리지 않아도
퍼덕거릴 때마다 비늘을 떨어뜨리며
생비린내를 풍기는, 그리하여
뜰채로 떠다 버릴 수도 없는 그런
사랑이 있다

가끔 그 사랑을 눕혀놓고
부항 뜨고 싶다
명치끝을 꾹 찔러
끈적끈적한 욕망 모조리
뽑아내고 싶다

퇴행성 관절염

어깨가 결려 병원에 갔더니
퇴행성 관절염이란다
뼈주사를 맞고 물리치료를
해야 한단다

나이 마흔 중반에
퇴행성 관절염이라니
내 몸의 뼈에도 녹이 스는구나
삐걱삐걱 소리가 나서
윤활유를 쳐야 하는구나

물리치료실에 누워
한 번도 기름 치지 못한
내 생을 생각해 본다
빽빽하게 살아온 시간도
곧 퇴행성 관절염이 오겠지
뼈주사를 맞고
물리치료를 해야 하겠지

찌그럭 침대 소리에도
깜짝깜짝 놀라는 마흔 중턱의
퇴행성 관절염 환자

어깨도 시리고
삶도 시리다.

고 사

돼지는 웃고 있다
울대가 따여서도 천연덕스럽게 웃고 있다
사람들이 돼지의 웃는 입에 지폐를 끼운다
콧구멍과 귓구멍에 돌돌 말아 넣는다
돼지의 입에 물리고 콧구멍 귓구멍에 꽂힌 세종대왕
사람들은 절을 하고
돼지는 계속 웃는다
'사고 나지 않게 해 주세요'
차주가 막걸리를 차량에 뿌리며 외친다
술잔이 돌고 안주로,
돼지의 귀가 잘려 나온다
귀가 잘리고 코가 잘리고 두툼한 주둥이가 잘린다
얼굴이 없는 얼굴로 돼지는 웃는다
고깃덩어리 하나가 웃는다
잘못 본 것일까
콧구멍에 꽂힌 세종대왕이 피식
웃음을 터뜨리고 마는 걸

근위부조갑하조갑진균증

손톱 끝이 허옇게 변해 피부과에 가니
근위부조갑하조갑진균증이란다
발톱을 살피더니 원위부조갑하조갑진균증이란다
이 짧은 손톱 발톱에도 그렇게
어렵고 긴 이름을 가진 병균이 살고 있었단다

햇살 좋은 창가에서
비 오는 날 마루 끝에 앉거나
방바닥에 신문지를 펴놓고
아무 생각 없이 깎았던 것이
근위부조갑하조갑진균증의 팔다리였다니
원위부조갑하조갑진균증의 몸통이었다니

왠지 주사 한 방으로는
이 길고도 어려운 병균을 죽일 수 없을 것 같아
바지춤 내리는 손길 자꾸
주춤거려진다.

구 토

과음 탓만은 아니다
조개, 조개 때문이다

불판 위에서 조개는
아가리를 벌리고
뻘을 토해냈다

술꾼들은 소주에 절여져
뻘밭을 헤매고 다녔다
비틀거리던 발목이 빠지고
첫사랑이 빠지고 마침내,
마흔다섯 살의 사내가
통째로 빠졌다

뱃속에서 파도가 치더니 급기야
배탈이 나고 말았다
변기에 앉자 항문으로
시꺼먼 뻘이 쏟아졌다
방파제를 때리듯 목구멍을 치며

허연 파도가 올라왔다

불덩이 속에서 목을 뺀 채
꿈틀거리며 죽어가던
바다의 쓸개
그걸 구워 먹다니!

쓰고 쓰린 속으로
해풍 한 줄기가 들어왔다
다시 구토가 일었다

밤중에 일어나 발톱을 깎아보면 서글프다

밤중에 일어나 발톱을 깎는다
날짜 지난 신문지를 깔아놓고
손톱깎이 각진 이빨로 발톱을 깎는다

내 몸에도 내가 모르는 사이
이렇게 날을 세우는 곳이 있었구나
양말에 구멍을 뚫고 구두 가죽을 긁겠구나

밤중에 일어나 발톱을 깎아보면 쓸쓸하다
상처 주지 않으려 나를 상처 내는 일이 쓸쓸하다
삼베 모시 이불에 맨살을 비비던 까슬까슬한 정들이
피 한 방울 흘리지 않고 비명도 없이
토각토각 잘려 나가는 게 쓸쓸하다

밤중에 일어나 발톱을 깎아보면 서글프다

나의 詩

영양실조에 걸려
바삭 말라가는 시를
붙잡고 사는 일은
힘들다

링거병 속으로 약물을 투여해도
호전되지 않는 시
관절에 뼈주사를 놓아도
걸어 다닐 수 없는 시

산소 호흡기를 꽂은 채
뇌사상태로 있는 시를
바라보며 사는 일은
안타깝다

죽어 거둘
양지바른 터 하나 없어
화장시켜 허공에 흩뿌릴 시
그 시를 위해 목매달고 산 세월이
참 눈물겹다

가을엔 말이 필요 없다

가을엔 말이 필요 없다
그저 가만히 바라보기만 해도
그가 내게로 오고
내가 그에게 갈 수 있다
그의 틈새를 비집고 들어가
알을 낳고 새끼를 칠 수 있다
굳이 울타리를 치지 않고도
사랑을 방목하기 좋은 계절이다

가을엔 말이 필요 없다
옆구리만 쿡 찔러도
벌써 그가 내 강에 첨벙 빠져들고
어깨만 툭 건드려도
퍼덕거리며 헤엄을 친다
말이 필요 없이
한곳을 같이 바라보며
하염없이 노를 저어 가다가
그의 눈 속에 노을이 질 때
돌아오면 된다

가을엔 굳이 말이 필요 없다
오래도록 함께 있기만 해도
서로의 마음에 발갛게
단풍이 들기 때문이다.

가슴에 리모컨을 달고 사는 여자

그 여자,
가슴에 리모컨을 달고 산다

최신형 리모컨은
건전지 없이 감정으로 충전되며
고장이 나거나 오작동이 없다

외출할 때도
잠을 자거나 섹스를 할 때도
그녀는 리모컨 스위치를 잡고 있다

감정제어장치나
기억지우기 버튼을 한 번 누르면
한 남자에게 향하던 감정이 차단되고
사랑했던 기억이 송두리째 지워진다

한번 작동한 기억은
영원히 복구 불가한 최첨단시스템
그녀가 개발해서 사용한다

그 시스템에 오늘도 한 남자가
지워졌다

가슴에 리모컨을 달고 외출하던 여자가
남자와 마주쳤다

누구세요?

늘 창문을 닫는 여자

그녀는 늘 창문을 닫아건다
오늘도 그녀의 닫힌 창문에
돌 하나를 던졌다

쨍그랑

그녀의 바다가 갈라지고
파도로 출렁이던 피가 쏟아졌다
피를 보면 동침하고 싶다

햇덩이 같은 시詩 하나
낳고 싶다

창문을 부수는 여자

그녀가
닫힌 창문을 부순다
창이 너무 크고
모든 걸 다 비추어 주는 게 싫다
더럽혀지는 것도 싫고
그럴 때마다 자꾸 닦아야 한다는 건
더욱 싫은 것이다

그녀가 부순 창문
유리 파편들이 쏟아진다
깨어진 사랑이
상처 난 마음이
조각조각 제 얼굴을 비추고 있다

그 얼굴이 안쓰러워
쓰다듬어 본다

손바닥에 피가 흥건하다

빨래 걷는 여자

햇살과 바람한테 몸 준 빨래는
핏기 없이 바삭 말라 있다

껍데기만 남은 몸뚱이
추락하지 않으려
빨랫줄을 움켜잡은 손목도 말라
비틀어져 있다

빨래 걷던 여자의 손이 떨린다
휘청거려 빨랫줄을 잡는다
마른 힘줄 같다

바람이 훽
그녀를 넌다

빨래 너는 여자

옥상에서 여자가
빨래를 넌다
하늘을 죽 잡아당겨
빨래집게로 집는다

척추가 꺾인 사내가
허공에 걸린다
사내의 아랫도리가 플라스틱 집게에
집혀 있다
쭈글쭈글하다

빨랫줄 위로 새가 날아와
앉는다
여자가 새의 다리를 집는다
파닥거리는 욕망

새와 사내는 마르고
여자는 젖는다

군 불

아버지가 불을 땐다
아궁이 속에 장작을 넣고
부지깽이로 이리저리 쑤시자
탁탁 뼈까지 타들어가는 소리를 내며
불길이 치솟는다

마흔 중반을 넘긴 아들이 마루 끝에 앉아
막걸리 잔을 들다가 힐끗 아버지를 본다
바삭 마른 소나무 장작 같은 아버지
한평생 불 밭을 헤치느라
시꺼멓게 그슬리고 타 버린
불쏘시개 같다

이마 고랑마다 매달린 근심들을
아궁이 속에 털어 넣고
입김을 훅훅 불어가며
덜 마른 장작 같은 세월을 태우면서
눈이 매운지 자꾸
손등으로 눈물 훔치신다

소나무 등걸 같은 손으로
이제 곧 재가 될
시간의 고삐를 부여잡고
말라비틀어진 이승의 젖꼭지를
빨고 있다

빠끔빠끔 담뱃불로 허공을 지지다가
노을 꼬리에도 불을 놓았는지
서산 하늘까지 벌겋게 타고 있다

아버지의 군불은 영혼을 데우는 불길인가
지상에서 가장 강한 불씨 하나 살리려는 듯
불쏘시개 쑤시는 손길 조심스레 바쁘다.

내 어머니 이름은 심순대

내 어머니 이름은 심순대沈淳大
초등학교 마당도 못 밟아서 글 모르지만
열 여섯에 시집와서 자식 일곱 낳고
한 자식 잃었지만 육 남매 거뜬하게 키운
내 어머니 이름은 심순대다

내 나이 열두 살이 되도록 시집살이에 매여
남동생 둘 잃고도 친정 한 번 못 가보고
주정뱅이 외삼촌 술 취해 올 때면
소나무 장작으로 두들겨 패 쫓고는
불 아궁이 앞에서 눈물짓던 어머니
행여 누가 볼 때면 덜 마른 장작 탓이라며
두들겨 팬 동생보다 가슴에 멍이 더 든
내 어머니 이름은 심순대

장날 그 흔한 자장면 한 그릇 못 사드시고
녹두콩 열무다발 푼푼이 내다 팔고
벼농사 고추농사 찌들려서
끝물 고추 대궁처럼 바삭 마른 어머니

이제는 관절염으로 두 무릎 쇠붙이 박아
걸음조차 못 내딛는
내 어머니 이름은 심순대

병원 약국 앞에서
심순대 씨! 심순대 씨! 하고 부를 때
사람들 그 이름 우습다고 키득대지만
'여기 갑니다. 심순대 씨 갑니다'
나는 소리치며 약봉지 받아든다

이제 좀 편히 사시라고
고래등 같은 집 지어드렸더니
새집에 흙 묻는다고 현관부터 맨발로 들어서는 어머니
무릎 수술자국이 눈에 아려 왜 맨발로 들어가느냐고 소리치면
그냥 말없이 웃는, 이제는 너무 작아 어린아이 같은
내 어머니 이름은 심순대

경상북도 봉화군 춘양면 서동리 202번지
마당 넓고 잘 지은 그 집 문패에는
이 세상에서 가장 아름다운 이름 하나가 걸려 있다
어머니가 한 번도 구경하지 못한
한문으로 쓴 이름 沈淳大
내 어머니는 거기서부터 맨발로 들어가시며
매일매일 바라보신다

파 리

공원 벤치에 앉아 있는
파리 한 마리를
수첩으로 때려잡았다
수첩 표지에 내장이 터진 파리의 시체를
선거 현수막에 문질러 닦았다
소신과 절개를 외치며 엄지손가락을 치켜든
후보자의 얼굴에
파리 한 마리가 앉았다
바람이 그의 절개를 흔들었다
흔들릴 때마다 파리가 살아 날아갈 것 같았다
파리를 때려잡은 수첩에다
시를 썼다
낱말들이 윙윙
허공으로 날아올랐다

어시장 일기

새벽 어시장에 가면

희망을 검은 비닐봉지에 담아 파는

아줌마가 있다

녹슨 저울 위에 몇 그램의 희망을 썰어

올려놓고 굵은 소금을 척척 뿌리며

비린내 나는 삶을 흥정하는 아줌마가 있다

좌판 위에 싱싱한 시간이 올라앉아

매일 다르게 정해지는 하루치의 값을

정하고 있다

가슴에서 진동 소리가 난다

휴대폰의 신호음은 진동이다
회의 중이거나 접대 중일 때에도
휴대폰은 진동으로 나를 흔든다
처음 놈의 집은 양복 주머니였는데
진동음이 둔해 알아채지 못하고부터
와이셔츠 주머니로 옮겨 놓았다
식사를 할 때도 화장실을 갈 때도
놈은 시도 때도 없이 울어댄다
드드드 드드륵 가슴을 후벼파며 울리는 진동
머리끝이 곤두서고 소름이 돋는 놈의 울음소리
모가지를 비틀어 죽일 수도 없다
출장을 갈 때나 잠을 잘 때에도
놈은 나와 함께 있다
밤새, 놈과 같이 충전당하는 나
찌릿찌릿 몸 안으로 파고드는 전자파
언제부턴가 내 가슴에서는 진동 소리가 난다

■ 김시탁의 시세계

삶에 뿌리한 일상성의 미학

이광석

김시탁의 시세계

삶에 뿌리한 일상성의 미학

이광석 시인, 경남문협 고문

한 시인의 작품세계 내지 시적 삶을 얘기한다는 것은 매우 조심스러운 일이다. 요즘같이 시가 무한한 다양성의 세계를 추구하고 표현 기법 또한 독창적 자의적 문법을 고집하는 상황에서 한 시인의 시적 정체성을 한두 마디로 짚기는 쉽지 않다. 우리가(독자를 포함) 시를 보는 관점에서 두 가지의 기본 질서를 내세운다면 첫째는 시의 몸체, 즉 외형적 시각이오 둘째는 시의 내면, 즉 관조의 시각이다. 시의 외형적 접근이란 우선 읽고 난 다음에 바로 와 닿는 시적 정감과의 교감이다. 이 일차적 교감에서 얻어지는 감동이 곧 시인과 독자와의 첫 시적 거래가 된다. 둘째 시의 내면적 관조의 시각은 무엇인가. 오늘날 이 땅의 시인들이 가장 긴장하고 깊이 궁

구하는 핵심 주제가 바로 이 대목이 아닌가 싶다. 자신의 시가 평론가 혹은 전문성을 갖춘 통찰력 있는 독자층에 의해 얼마나 가열하게 분석되고 평가되는가를 알몸의 몸짓으로 지켜보게 된다.

이런 관점에서 김시탁의 시를 살펴본다면 몇 가지 중심축을 구획할 수 있다. ❶자연과 인간에 대한 긍정적 사고의 천착 ❷삶의 모서리에 긁힌 상처를 끌어안는 따뜻한 연민의 정 ❸상징과 비유의 균형 잡힌 조화 등으로 요약할 수 있다. 이 같은 시적 구획정리가 김시탁 시인의 시세계를 관류하는 큰 맥이라는 관점을 토대로 작품 몇 편을 선정해 본다.

대낮부터
벚꽃나무 아래에 앉아
동동주를 마신다

꽃잎 하나가 술잔 속에 떨어진다
그냥 마셨더니 온몸에 열이 오른다
팔뚝에도 목덜미에도 얼굴에도
나를 닮은 벚꽃이 피어난다
꽃잎 속에는 B형의 피가 흐른다

봄은 꽃을 피우기 위해서 이렇게
열병을 앓는구나

시꺼멓게 제 몸을 태워놓고
가지를 흔들며 우는구나

흔들릴 때마다 그녀가 생각난다
꼬깃꼬깃 구겨진 편지가
주머니 속에서 싹을 틔운다
동동주에 취한 사연들이 비틀거리고
수첩 속에 접혀 있던 그녀가 걸어 나와
내 맞은편 의자에 앉는다

벚꽃이다

어느새 구두 속에도
흥건히 물이 고인다
발가락이 근질거리더니
구두 밑창을 뚫고 쑤-욱
땅바닥에 뿌리를 박는다

신 것이 먹고 싶은 그녀가
헛구역질을 한다

—〈봄의 혈액형은 B형이다〉 전문

이 시의 큰 줄기는 벚꽃의 '꽃핌'과 '꽃짐'의 순환관계를 한 잔의 동동주의 취기를 매개로 피어난 시적 감흥을 '그녀'라는 어떤 대상을 통해 자신의 삶 속으로 투영시키고 있다. 어쩌면 화자의 벚꽃은 자신일 수도 있고 동동주일 수도 있다. 더 구체적으로는 온몸에 열이 오르고 팔뚝에도 목덜미에도 나를 닮은 벚꽃이 피어날 만큼 의인화되고 있다.

봄이 꽃을 피우기 위해 이렇게 열병을 앓듯이 시꺼멓게 제 몸을 태워놓고 가지를 흔들며 우는 형상일지도 모른다. 나를 닮은 벚꽃, 그 꽃잎 속에 B형의 피가 흐른다는 것은 혈액형 자체가 중요한 것이 아니라 꽃에도 혈액형이 있다는 비유가 더 시적 긴장감을 상승시킨다.

그리고 수첩 속에 접혀 있던 그녀가 내게로 걸어나와 내 맞은편 의자에 앉는 모습이 벚꽃으로 부활했다가 "신것이 먹고 싶어 헛구역질하는" 생명의 잉태로 다시 피돌기를 시작하는 과정은 이 시가 가 닿고자 하는 혈액순환의 흐름을 읽게 한다. "어느새 구두 속에도/ 흥건히 물이 고인다/ 발가락이 근질거리더니/ 구두 밑창을 뚫고 쑤-욱/ 땅바닥에 뿌리를 박는다"에서 볼 수 있듯이 벚꽃이라는 봄의 B혈액형이 내 몸, 내 삶의 현장까지 뿌리내리는 생명의 숨결 그 자체라고 해도 무방할 것이다. 다음 〈봄〉 〈봄 · 2〉 의 시에서도 이 같은 징후를 감지하게 한다.

폐교가 된 시골 분교

텅 빈 운동장

철봉에 앉아 졸던 바람
벚나무 가지에 찔려
부스스 눈을 뜨고 기지개를 켠다
운동장을 한 바퀴 휘돌아
목이 마른 바람
세면대 조롱조롱 매달려
잠겨 있는 수도꼭지를 튼다
파르르 쏟아지는 봄

벚나무 가지들 마구 몸을 비튼다

— 〈봄〉 전문

벚나무 가지 위로 앉은 새가
자꾸 물똥이 마려운 것은
벚나무 가지로 찬물이 오르기 때문이다

바람이 엉덩이가 미끄러워
자꾸 가지를 잡고 흔드는 것은
벚나무 살결이 부드럽기 때문이다

나무가 발목에 힘을 주고
자꾸 팔을 벌리는 것은
햇살이 빚어놓은 수제비나

새들이 걸어놓은 노래를

봄에게 배불리 먹이려고 하기 때문이다

—〈봄 · 2〉 전문

〈봄〉〈봄 · 2〉에서 화자는 다시 벚꽃에 천착한다. "폐교가 된 시골 분교/ 텅 빈 운동장/ 철봉에 앉아 졸던 바람/ 벚나무 가지에 찔려/ 부스스 눈을 뜨고 기지개를 켠다"는 것은 벚나무 가지에 이미 전해진 봄의 예감을 연상시킨다. 뒤이어 "운동장을 한 바퀴 휘돌아/ 목이 마른 바람/ 세면대 조롱조롱 매달려/ 잠겨 있는 수도꼭지"를 틀면 '파르르 쏟아지는 봄' 은 동시적 효과를 극대화시키고 있다. 마지막 구절의 '벚나무 가지들 마구 몸을 비튼다' 에서는 동한거를 끝낸 벚나무와 그 벚나무들의 가지를 흔드는 봄바람들의 눈뜸을 엿보게 한다. 특히 '졸던 바람' '목이 마른 바람' 처럼 바람의 흐름이 생명체의 시곗바늘을 어떻게 돌리는가를 잘 보여준다.

〈봄 · 2〉에서 벚나무의 존재도 예외는 아니다. 여기서도 바람은 벚나무 가지를 잡고 흔든다. '벚나무 살결이 부드럽기 때문' 이라는 설명은 '봄의 혈액형 B형' 이라는 화두와도 맥을 같이한다. 벚나무를 흔드는 바람은 단순한 바람이 아니라 생명의 업보를 다스리는 자연의 지엄한 질서라고 본다. 바람이 봄 나뭇가지 하나를 잡고 흔들 때 새순이 화답하듯이 바람들이 지친 겨울 나뭇가지에서 고요의 잠을 청할 때 생명의 마침표는 찍어지는 것이다.

그러나 이 시에서 시적 효과를 노린 것은 "햇살이 빚어놓은 수제비나/ 새들이 걸어 놓은 노래를/ 봄에게 배불리 먹이려고 하기 때문이다."와 같은 건강한 담론이다. "바람이 엉덩이가 미끄러워/ 자꾸 가지를 잡고 흔드는 것"은 평범한 일상성을 넘어 '봄'이라는 거대한 자연의 폐활량에 화답하여 왕성한 시의 산소를 공급할 수 있다는 것, 즉 생명을 향한 넉넉한 시적 에너지의 충전이라 할 수 있다.

> 주남저수지에 가면 버드나무 가지 위의 까치집은 시린 햇살이 세 들어 살고 물속에 어리는 까치집엔 잉어가 새끼를 치고 산다
>
> 고니, 청둥오리, 노랑부리저어새, 재두루미들이 유유히 저수지 뱃살을 긁으며 노닐고 철새들의 방향을 인도하는 관제탑 같은 나무 두 그루가 저수지에 무릎까지 담그고 등대처럼 서 있다
>
> 햇살이 지자 서산 아래로 미끄러져 내리던 노을이 저수지에 머리를 처박더니 그 부스러기가 차르르르 굴러와 벤치에 앉은 젊은 연인들의 무릎을 베고 눕는다
>
> 발목이 시린 억새들은 낮 동안 서로 벌려있던 간격을 좁혀 어깨를 겯고 어둠 맞을 준비를 하고 저수지 안으로 나룻배를 몰고 간 사공 하나가 장대로 저수지 바닥을 찔러 뱃머리를 돌린다
>
> 저수지 군데군데 쳐 놓은 그물엔 노을만 걸려 퍼덕거린다

그때 바람에 날려 검불처럼 하늘로 떠다니던 철새들.

ㅅㅅㅅㅅ의 어우러진 조화. 유영의 저 몸짓들.

주남저수지에 가면 이제 막 그려놓아 덜 마른 동양화 같은 풍경들이 있다

온종일 선 채로 저린 무릎을 접지 않는 시퍼런 종아리의 버드나무가 있고 퉁퉁 불어터진 저수지의 젖꼭지를 빨다가 잠든 자라풀도 있다

물달개비 잎에 앉아 알을 까는 밀잠자리 방울실잠자리도 볼 수 있다

풍경이 풍경을 잉태하고 사랑이 사랑을 품는 주남저수지

밤이면 연인들이 서로 어깨를 빌려준 채 가슴을 비비며 사랑을 속삭일 때 애기부들 이파리 위의 반딧불은 제 몸을 태워 불빛을 만들어주는 곳

지친 하루를 갈대밭에 내려놓고 쉴 수 있는 곳

평화를 베고 누워 별을 헤아릴 수 있는 곳

그중 가장 아름다운 별 하나를 정해 이름을 붙여주고 그리운 사람에게 마음까지 포장해 택배로 보내주고 싶은 곳

그래서 그곳에 가면 닫힌 가슴들도 자물쇠를 열고 각진 마음들을 두루뭉술 깎아준다

갇힌 일상들을 데리고 와 여유와 자유를 맘껏 방목하며 희망을 살찌울 수 있는 곳

— 〈주남저수지〉 부분

내 밋밋한 가슴을
함부로 짓밟지 말라
숱한 바람과 빗물로 몸 썩어
군살이 되었다

움푹 파인 웅덩이
불쑥 솟아오른 상처들
스스로 메우고 깎으며
고통으로 눈물지어 울어도 봤다

사람들은 내 온몸을 파고
집을 짓거나 구멍마다
파이프를 박아 피를 뽑는다
허리가 깎이고
살들이 잘려 나갔다

내장까지 파헤쳐진 상처에는
흥건하게 눈물로 고여 있어도
바람에 날아와 앉는 풀씨 하나
거두고 보듬어 꽃을 피웠다

내 몸에 박힌 뿌리들 살찌워

나무들의 둥치를 밀어 올리고

구부정한 희망을 따라 눕는

팔베개한 팔들을 풀지 않았다

—〈땅〉 전문

이 두 편의 시는 김시탁의 시와 삶이 어떤 모습으로 대칭되고 있는가를 간접적으로 보여준다. 먼저 〈주남저수지〉를 보자. "주남저수지에 가면 버드나무 가지 위에 시린 햇살이 세 들어 살고 물속에 어리는 까치집엔 잉어가 새끼를 치고 산다"는 표현은 주남저수지 상층의 버드나무와 저수지 물속의 하층을 대칭시키면서 수채화적 분위기를 연출하고 있다. 그 구체적인 글들로서 '철새들의 방향을 인도하는 관제탑 같은 나무' '어둠을 맞을 준비' '군데군데 쳐놓은 그물엔 노을만 걸려 파닥거린다' '덜 마른 동양화 같은 풍경들' '온종일 선채로 저린 무릎을 접지 않는 시퍼런 종아리의 버드나무가 도열해 있다' 등을 예시할 수 있다.

그리고 '지친 하루를 갈대밭에 내려놓고 쉴 수 있는 곳' '가장 아름다운 별 하나를 정해 이름을 붙여주고 그리운 사람에게 마음까지 포장해 택배로 보내주고 싶은 곳' '갇힌 일상을 데리고 와 여유와 자유를 맘껏 방목하며 희망을 살찌울 수 있는 곳' 등 삶에 지친 이웃들에게 그리움과 사랑의 눈길을 보낼 수 있는 따뜻한 서정성이 묻어나고 있다. 그리움이라는 시의 온기를 희망의 마을로 보내고자 하는 아름다운 심성이 돋보인다.

〈땅〉은 역설의 의미가 무엇인가를 보여주는 작품이다. "내 밋밋한 가슴을/ 함부로 짓밟지 말라… 불쑥 솟아오른 상처들/ 스스로 메우고 깎으며/ 고통으로 눈물지어 울어도 보았다"에서 우리는 땅의 상처를 구체적으로 목격한다. 그러나 "내 장까지 파헤쳐진 상처에는/ 흥건하게 눈물로 고여 있어도/ 바람에 날아와 앉는 풀씨 하나/ 거두고 보듬어 꽃을 피웠다"에서처럼 수많은 아픔과 상처를 감당하면서도 '풀씨 하나' 거두고 꽃을 피우는 땅의 속성, 즉 광휘로운 생명의 모태임을 일깨운다.

새벽마다 아내는
믹서기를 돌린다
어둠을 넣고
덜 깬 잠의 부스러기를 넣고
믹서기를 돌린다

근육이 있거나 뼈대가 있는 것들
질긴 것들일수록 요란한 소리를 낸다

비포장도로를 무한 질주하다가

급정거한 내 꿈도 믹서기에 갈린다
창가에서 좌판을 두드리던 까치도
우유통 속으로 밀어 넣은 요구르트 아줌마의
장갑 낀 손도 갈린다
그 끈적끈적한 즙 한 잔을 마셔본다

입 안이 쏴하다
어둠의 생살이 갈린 생비린내가
물컥 풍긴다

—〈생즙〉 전문

아직도 알지 못한다
난초 잎 뻗는 길을

저 유연한 허리로
허공을 떠받치는 힘을

올곧은 저 잎
몇 년을 더 보아야
그 길 보일까

알 수 없다

가만히 손을 뻗어 만져보면
벌컥 제 향부터 내뿜어
컥컥 숨이 막힌다

—〈난〉 전문

전어회를 주문하니
바다를 한 접시 갖다 준다
백사장 위에 바다가 누워 있다
나무젓가락으로 건져 올려
잘근잘근 씹었더니 입 안 가득
파도 소리 요란하다

바다의 살들이 어떤 맛인지
전어회를 먹어보면 알 수 있다
초장에 듬뿍 찍어
한 번에 삼키지 못하고 씹는 것은
바다의 살들도 근육이 있기 때문이다
파도의 뼈가 이빨 사이로
부딪치기 때문이다

풋상추나 들깻잎으로
보쌈한 바다를 삼켜보면
뭉클, 목구멍 속으로

섬 하나 넘어간다

입 안 가득한 파도가

그 섬에 닿고 싶어 자꾸

소주잔 들이켠다

—〈전어회〉 전문

시의 농사에서 가장 중요한 것 중의 하나가 전지(가지치기)라고 생각한다. 가지치기를 머뭇거리다 시농사에 낭패를 보는 경우가 허다할 때가 있다. 더욱이나 그 시농사가 자신의 일상적 삶 혹은 생활 주변에서 건져 올린 평범한 대상일수록 그렇다. 다음에 소개하는 〈생즙〉 〈난〉 〈전어회〉는 화자가 접하는 일상성 중 가장 가까운 거리에 있는 시적 소재다. 〈생즙〉은 하루 삶의 출발이며 〈난〉은 화자가 평생토록 지켜온 또 다른 삶의 향기요 〈전어회〉는 바다, 섬, 파도, 소주로 이어지는 시적 낭만이 아우러진 시의 모듬회다.

새벽마다 믹서기에 어둠을 넣고 덜 깬 잠의 부스러기를 넣고 믹서기를 돌리는 아내의 이미지는 일상성이다. "비포장 도로를 무한 질주하다가/ 급정거한 내 꿈도 믹서기에 갈린다 / (중략) 우유통 속으로 밀어 넣은 요구르트 아줌마의/ 장갑 낀 손도 갈린다/ 그 끈적끈적한 즙 한 잔"을 마시는 "입안이 쏴"함과 "어둠의 생살이 갈린 생비린내가/ 물컥 풍기는" 생즙의 보편적 그림은 이미 시적 변용을 통해 시의 즙으로 독자의 입맛을 당긴다.

“아직도 알지 못한다/ 난초 잎 뻗는 길을/ 저 유연한 허리로 허공을 떠받치는 힘”에서 우리는 난의 불가사의한 힘을 느낀다 “올곧은 힘/ 몇 년을 더 보아야/ 그 길이 보일까”라고 자문을 해 보지만 난은 말이 없다. 말이 없다는 것은 난이 지닌 특유의 은유요 독특한 발상이다. 난이 뻗는 길은 고속도로는 아니다. 갓길도 아니다. 우리가 살아가면서 꼭 피해 갈 수 없는 오솔길이요 잡초의 길일 수도 있다. 그 길목에서 만나는 ‘올곧은 저 잎’ 은 난만이 떠받칠 수 있는 시의 촉수다.

밤중에 일어나 발톱을 깎는다
날짜 지난 신문지를 깔아놓고
손톱깎이 각진 이빨로 발톱을 깎는다

내 몸에도 내가 모르는 사이
이렇게 날을 세우는 곳이 있었구나
양말에 구멍을 뚫고 구두 가죽을 긁겠구나

밤중에 일어나 발톱을 깎아보면 쓸쓸하다
상처주지 않으려 나를 상처 내는 일이 쓸쓸하다
삼베 모시 이불에 맨살을 비비던 까슬까슬한 정들이
피 한 방울 흘리지 않고 비명도 없이
토각토각 잘려 나가는 게 쓸쓸하다

밤중에 일어나 발톱을 깎아보면 서글프다

—〈밤중에 일어나 발톱을 깎아보면 서글프다〉 전문

인용한 이 한 편의 시에서 발견할 수 있는 것은 우리가 살아가면서 쉬 만날 수 있는 삶의 서글픔이다. 손 · 발톱 깎기는 익숙한 일상성이다. 그 일상성이 서글프다는 표현을 한 화자의 심성은 어떤 빛깔일까. 밤중에 일어나 발톱을 깎는다는 것부터가 암시적이다. 발톱을 깎는데 왜 쓸쓸함이 묻어날까. '깎아보면 쓸쓸하고' '상처 내는 일이 쓸쓸하고' '토각토각 잘려 나가는 일이 쓸쓸하다' 는 화자의 '쓸쓸한' 행보에서 우리는 발톱 깎는 일보다 더 쓸쓸한 삶의 서글픔을 느낀다. 날짜 지난 신문지의 재활용품과 "피 한 방울 흘리지 않고 비명도 없이/ 토각토각 잘려 나가는 게 쓸쓸한" 어느 날의 종량제 봉투의 무게는 얼마일지 그것은 아무도 모른다. 밤중에 일어나 발톱을 깎아본 사람에게만 허용되는 서글픔의 빛깔일 것이다.

영양실조에 걸려
바삭 말라가는 시를
붙잡고 사는 일은
참 힘들다

링거병 속으로 약물을 투여해도

호전되지 않는 시
관절에 뼈주사를 놓아도
걸어 다닐 수 없는 시

산소 호흡기를 꽂은 채
뇌사상태로 있는 시를
바라보며 사는 일은
안타깝다

죽어 거둘
양지바른 터 하나 없어
화장시켜 허공에 흩뿌릴 시
그 시를 위해 목매달고 있는 세월이
참 눈물겹다

—〈나의 詩〉 전문

그녀는 늘 창문을 닫아건다
오늘도 그녀의 닫힌 창문에
돌 하나를 던졌다

쨍그랑

그녀의 바다가 갈라지고

파도로 출렁이던 피가 쏟아졌다
피를 보면 동침하고 싶다

햇덩이 같은 시詩 하나
낳고 싶다

―〈늘 창문을 닫는 여자〉 전문

어떤 시인이든 시인은 자신의 시에 대해 깊은 애정과 연민을 느낀다. 시인에게 있어 자신의 시는 곧 자식과 같은 것이다. 자식농사를 짓는 그런 마음으로 자신의 시에 온갖 열정을 더 쏟아붓고 싶은 속성은 시인들의 보편적 특징이다. "영양 실조에 걸려/ 바삭 말라가는 시를/ 붙잡고 사는 일은/ 참 힘들다"고 했는데 이 땅의 시인 어느 누구도 시의 영양실조로부터 자유로울 수 있는 시인은 드물 것이다.

그러나 시라는 것은 "링거병 속으로 약물을 투여"해도 "관절에 뼈주사를 놓는다고"해서 그 증세가 호전되거나 걸어 다닐 수 있을 만큼 쾌유되는 것은 아니라고 본다. 시의 성취도에서 가장 큰 고민은 물리적 외적 치유가 아니라 시인의 시적 심성이 어디에 있는가를 찾아내는 일일 것이다. "산소 호흡기를 꽂은 채 뇌사상태로 있는 시를 바라보며 사는 일은 안타까운" 정도가 아니라 시적 절망에 가깝다. "쨍그랑/ 그녀의 바다가 갈라지고/ 파도로 출렁이던 피가 쏟아졌다/ 피를 보면 동침하고 싶다"에서는 한 시인이 시라는 생명체를 얻기 위해 얼마나 가열한 투자를 해야 하는가를 시적 몸부림을 통해 보여준다. '피' '동침'과 같은 원초적 언어구사에서 생명체의 불꽃을 예감할 수가 있다.

그리고 이 시의 마지막 구절에 "햇덩이 같은 시詩 하나/ 낳고 싶다"라고 한 것은 한 시인이 한 편의 시를 탄생시켜 내는 엄숙한 산고의 과정을 – 늘 창문을 닫는 여자 – 라는 주제로 비유의 날개를 달았다.

아버지가 불을 땐다
아궁이 속에 장작을 넣고
부지깽이로 이리저리 쑤시자
탁탁 뼈까지 타들어가는 소리를 내며
불길이 치솟는다

마흔 중반을 넘긴 아들이 마루 끝에 앉아
막걸리 잔을 들다가 힐끗 아버지를 본다
바삭 마른 소나무 장작 같은 아버지
한평생 불 밭을 헤치느라
시꺼멓게 그슬리고 타 버린
불쏘시개 같다

이마 고랑마다 매달린 근심들을
아궁이 속에 털어 넣고

입김을 훅훅 불어가며
덜 마른 장작 같은 세월을 태우면서
눈이 매운지 자꾸
손등으로 눈물 훔치신다

소나무 등걸 같은 손으로
이제 곧 재가 될
시간의 고삐를 부여잡고
말라비틀어진 이승의 젖꼭지를
빨고 있다

—〈군불〉 부분

내 어머니 이름은 심순대沈淳大
초등학교 마당도 못 밟아서 글 모르지만
열여섯에 시집와서 자식 일곱 낳고
한 자식 잃었지만 육 남매 거뜬하게 키운
내 어머니 이름은 심순대다

내 나이 열두 살이 되도록 시집살이에 매여
남동생 둘 잃고도 친정 한 번 못 가보고
주정뱅이 외삼촌 술 취해 올 때면
소나무 장작으로 두들겨 패 쫓고는
불 아궁이 앞에서 눈물짓던 어머니

행여 누가 볼 때면 덜 마른 장작 탓이라며
두들겨 팬 동생보다 가슴에 멍이 더 든
내 어머니 이름은 심순대

장날 그 흔한 자장면 한 그릇 못 사드시고
녹두콩 열무 다발 푼푼이 내다 팔고
벼농사 고추농사 찌들려서
끝물 고추대궁처럼 바삭 마른 어머니
이제는 관절염으로 두 무릎 쇠붙이 박아
걸음조차 못 내딛는
내 어머니 이름은 심순대

—〈내 어머니 이름은 심순대〉 부분

누구나 그러하듯이 '어버이' 라는 자신의 뿌리에 대한 강렬한 귀소 본능은 시의 중심화두로 자리잡는다. 김시탁의 사모곡도 이에 준거하고 있다. '군불' 이 아버지를 생각하는 마음자리라면 '내 어머니 이름은 심순대' 는 애틋한 사모思母의 정을 한 올 두 올씩 마치 뜨개를 뜨듯 엮어내고 있다.

"마흔 중반을 넘긴 아들이 마루 끝에 앉아/ 막걸리 잔을 들다가 힐끗 아버지를 바라본다/ 바삭 마른 소나무 장작 같은 아버지/ 한평생 불 밭을 헤치느라/ 시꺼멓게 그슬리고 타버린/ 불쏘시개 같다"에서 볼 수 있듯이 마흔 중반을 넘긴 아들이 막걸리 잔을 들다가 힐끗 바라본 아버지 모습은 "이제 곧 재가 될/ 시간의 고삐를 부여잡고/ 말라빠진 이승의 젖꼭지를 빨고" 있을 만큼 절박한 시점에 당도해 있다. '군불' 은 한 생명에게 따스함의 온기를 주는 긍정적인 기능도 하지만 '탁탁 뼈까지 타들어 가는, 삶의 만종을 알리는 일몰의 상징도 공유한다.

"장날 그 흔한 자장면 한 그릇 못 사드시고/ 녹두콩 열무다발 푼푼이 내다 팔고/ 벼농사 고추농사 찌들려서/ 끝물 고추대궁처럼 바삭 마른 어머니/ 이제는 관절염으로 두 무릎 쇠붙이 박아/ 걸음조차 못 내딛는/ 내 어머니 이름은 심순대"
장성한 자식들 외지로 다 떠나보내고 빈집 같은 농촌의 적막 속에 덩그마니 나앉은 늙은 어머니의 초상은 흡사 절해의 고도에 떠 있는 섬처럼 외롭고 쓸쓸하다. 60~70년대 가난했던 우리 농촌의 현실은 한 편의 시로 담아 내기에는 너무나 가슴 아린 사연들이 두 무릎 사이 관절염처럼 묵은 상처로 남아있다. 화자는 이를 어머니 심순대라는 시적 영감을 통해 회억적으로 담아 내고 있다.

이상에서 짚어 보았듯이 김시탁의 시는 자연과 인간에 대한 긍정적 사고, 삶의 상처를 보듬는 따뜻한 인간애, 상징과 비유의 균형감각 등으로 요약해 볼 수 있다. 시의 행간에 표지판처럼 서 있는 '희망' 혹은 '쓸쓸함' 의 모습에서 볼 수 있듯이 매우 질박하면서도 소탈한 시어들이 잘 정제되어 있다. 시인의 '희망' 을 아무런 숨김 없이 시의 맨살에 수차례씩이

나 파종하고 있다는 것은 희망의 체감온도가 제대로 맞닿아 있기 때문이며 '쓸쓸함'의 이미지가 아무런 구김살 없이 시의 활주로에 연착륙하고 있다는 것 또한 자신의 시에 대한 성찰의 무게가 크다는 것을 뜻한다고 믿는다.

> 가을엔 굳이 말이 필요 없다
> 오래도록 함께 있기만 해도
> 서로의 마음에 발갛게
> 단풍이 들기 때문이다
>
> —〈가을엔 말이 필요 없다〉 부분

이 글의 마무리로 이 시 한 토막을 선택한 것은 말의 필요 없음이 뜻하는 언어의 절제다. 시인은 말의 절간에서 '참선'과 '사리'와 같은 한 편의 시를 얻기 위해 고뇌하는 사람들이다. '단풍' 한 잎에 물든 사유의 깊이는 가을만이 토할 수 있는 시의 또다른 갈망이다. 김시탁 시인의 일상성의 미학이 시의 새로운 지평을 여는 언어의 불꽃으로 승화하기를 빈다.

019

김시탁 시집

봄의 혈액형은 B형이다

1쇄 찍은날 2006년 12월 5일(한국문연 발행)
2쇄 찍은날 2014년 2월 22일(도서출판 경남 발행)

지은이 김 시 탁
펴낸이 오 하 룡
펴낸곳 도서출판 경남

주 소 창원시 마산합포구 몽고정길 2-1
전 화 (055) 245-8818~8819
홈페이지 http://www.gnbook.com
전자메일 gnbook@empal.com
출판등록 제2호(1985. 5. 6)
편집팀 오태민 | 심경애 | 구도희

ISBN 978-89-7675-895-8-03810
값 10,000원